Andrea Zachrau

Chantis
Fohlentagebuch

Ein Pferdekind entdeckt die Welt

Andrea Zachrau 2006 (Text und Bild)
Alle Rechte vorbehalten
Verlag und Herstellung: Books on Demand GmbH, Norderstedt
Fotos: Andrea Zachrau
Lektorat: Gabriele Marienhagen
Layout: Creativ Studio, Rotenburg/Wümme
ISBN-10: 3-8334-6596-4
ISBN-13: 978-3-8334-6596-3
Bibliografische Information der Deutschen Bibliothek:
Die Deutsche Bibliothek verzeichnet
diese Publikation in der Deutschen Nationalbibliografie;
detaillierte bibliografische Daten sind im Internet über
http://dnb.ddb.de abrufbar.

Viele weitere Infos rund um Chanti und
ihr Buch gibt es im Internet unter
www.chantis-fohlentagebuch.de

Inhalt

Endlich das Licht der Welt erblickt

Hurra! Endlich ist das lange Warten vorbei.
Gestern hat meine Mama mich zur Welt gebracht.
Puh, war das anstrengend!
Ich glaube, sie wollte endlich ihren dicken Bauch
loswerden, mit dem sie monatelang herumgetrabt
war. Plötzlich ging alles ganz schnell und ich war
da!
Kaum lag ich im Stroh, spürte ich Mamas warmen
Atem. Sie beschnupperte mich von oben bis unten

und begann sofort, mein nasses Fell trocken zu
lecken. Bestimmt hat sie gemerkt, wie kalt mir war,
als ich auf einmal ihren Bauch verlassen musste.
Dort war es so schön warm und weich...
Aber hier draußen scheint es auch nicht schlecht
zu sein: Ich habe viel Platz und kann mich so lang
ausstrecken, wie ich will.
Dann durfte ich das erste Mal Milch probieren.
Mmh, lecker! Einziges Problem: Dafür musste ich
aufstehen... Eine echte Herausforderung. Denn
irgendwie wollten mir meine Beine noch nicht so
recht gehorchen – ich rutschte immer wieder weg
und fiel zurück ins Stroh. Zum Glück kam mir
Mama gleich zur Hilfe. Als ich mich endlich aufrecht
halten konnte, stupste sie mich in die richtige Richtung.
Danach war ich so müde, dass meine Augen gleich
wieder zufielen. Ich glaube, Mama musste sich auch
erst mal ausruhen. Aber sie war die ganze Zeit bei
mir und hat nach mir geschaut.
Jetzt bin ich gespannt, was sie mir noch alles
zeigen wird. Sie hat mir versprochen, wenn ich
etwas größer bin, darf ich noch viel mehr von der
Welt sehen. Wenn meine Beine mich nur jetzt
schon richtig tragen könnten...

Mit Mama um die Wette laufen

Es ist geschafft! Ich kann mich schon richtig gut auf meinen langen Beinen halten. Wie schnell ich laufen kann, durfte ich heute mit Mama in der Reithalle ausprobieren. Total aufregend!
Draußen war es ganz anders als ich es mir vorgestellt hatte. Alles ganz weiß! Mama hat mir erklärt, dass das Schnee ist. Klar, dass ich das genauer erkunden musste. Meine Nase hätte ich jedoch lieber nicht hineinstecken sollen. Das war total nass und kalt!
In der Halle war es dafür umso gemütlicher. Ich glaube, das fand Mama auch, denn sie hat sich sofort hingelegt und gewälzt. Da musste ich richtig aufpassen, dass ich ihr nicht zu nahe komme und sie mich mit einem ihrer Beine aus Versehen trifft. Danach sind wir um die Wette gelaufen. Das war lustig! Einmal, ich weiß auch nicht, wie das passieren konnte, bin ich über meine eigenen Beine gestolpert und lag plötzlich mit der Nase im Sand. Hab' ich mich vielleicht erschrocken! Als ich schnell wieder aufstehen wollte, war das gar nicht so einfach. So schnell konnte ich meine Beine gar nicht sortieren! Mit Mamas Hilfe hat es dann doch geklappt.

Etwas merkwürdig fand' ich die komischen Zwei-
beiner, die vorbei kamen und mich sehen wollten.
Mama hat mir erzählt, dass sie „Menschen" heißen.
Ich muss sagen, irgendwie traue ich denen nicht
über den Weg. Als ich zu einem hingegangen bin,
wollte er mich anfassen. Da war mir plötzlich etwas
mulmig zumute und ich bin lieber wieder unter
Mamas Bauch geflüchtet! Ich glaube, sie ist da
etwas mutiger als ich.
Außerdem hatte ich nach unserem anstrengenden
Ausflug Besseres zu tun - nämlich ganz viel trinken
und schlafen.

Verhängnisvolle Verwechslung

Mir ist etwas aufgefallen: In der Box, die genau
gegenüber von unserer liegt, gibt es auch
ein Fohlen. Als die Tür heute offen war, habe ich
es gesehen. Es sieht fast genauso aus wie ich!
Und ich habe mich immer gefragt, ob ich die Einzige
bin, die so lange und dünne Beine hat...
Das Fohlen hat mir gleich geantwortet, als ich leise
gewiehert habe. Am liebsten wäre ich rübergelaufen,
um es näher kennen zu lernen. Ich habe mich aber
nicht so recht getraut. Schließlich war meine Mama
immer noch böse mit mir.
Sie hatte sich furchtbare Sorgen gemacht, denn ich
bin heute einfach ohne sie davongelaufen. Auch
wenn ich das gar nicht absichtlich gemacht habe!
Das kam so: Als wir draußen auf dem Platz waren,
waren noch zwei Pferde da, die Menschen auf ihren
Rücken trugen. Seltsam, oder? Mama meinte, das
würden sie mit ihr auch machen und es würde ihr
sogar gefallen! Das konnte ich mir gar nicht vor-
stellen...
Jedenfalls ließ ich mich von den Reitern nicht
weiter stören und bin wie eine Wilde um Mama
herumgestürmt. Irgendwann war mir richtig
schwindelig und ich wusste gar nicht mehr,

wo ich war! Dabei muss ich wohl aus Versehen
hinter einem anderen Pferd gelandet sein und bin
einfach mit dem mitgelaufen. Ich habe wirklich
gedacht, dass es Mama ist, schließlich sah es ganz
ähnlich aus! Allerdings war ich ziemlich verwundert,
als ich hörte, wie sie nach mir rief - meiner Meinung
nach war sie ja genau vor mir.
Menschen haben mich dann wieder zu Mama
gebracht. Die war furchtbar aufgeregt und ich ganz
verdutzt! Wie konnte mir das nur passieren?
In Zukunft werde ich bestimmt besser aufpassen.
Damit Mama sich keine Sorgen mehr machen muss.

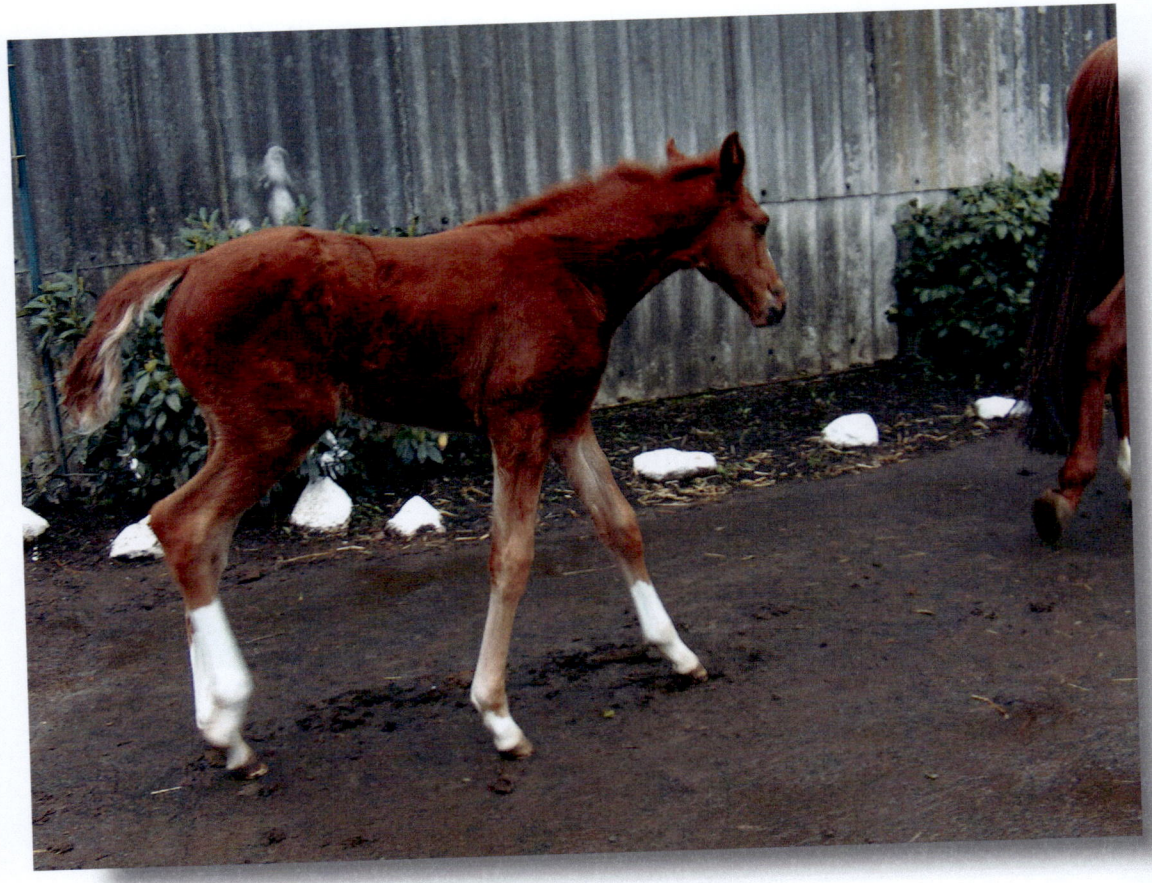

Da bleibe ich lieber bei Milch

Wir haben eine neue Box bekommen. Die ist wirklich toll: Von dort aus können wir den ganzen Hof überblicken. Meine Mama interessiert sich nicht so dafür, was draußen passiert. Ich finde es aber total spannend! Vor allem nachmittags ist viel los. Dann kommen ständig Pferde vorbei, die draußen oder in der Halle hin und her laufen. Manchmal traben sie an langen Leinen im Kreis oder tragen Menschen auf ihrem Rücken über den Platz.

Einmal haben die Menschen so komische Dinge aufgebaut. Meine Mama sagte, das seien Sprünge. So etwas habe ich noch nie gesehen! Ob ich da wohl auch irgendwann einmal drüber springen darf?

An einem anderen Tag beobachtete ich, wie ein Mensch an den Hufen der anderen Pferde herumfummelte. Es qualmte und stank ganz fürchterlich. Mama erklärte mir, das sei ein Hufschmied. Von ihm bekommen die Pferde Hufeisen, mit denen sie noch besser laufen können.

Daran, dass die Menschen jeden Tag nach uns schauen, habe ich mich mittlerweile gewöhnt. Manchmal schleiche ich mich vorsichtig an sie heran und beschnuppere sie ein bisschen.

Wenn mir danach ist, dürfen sie mich sogar anfassen. Aber nur kurz!
Und ich habe das erste Mal Stroh probiert. Ich fand es eigentlich immer merkwürdig, dass Mama so viel von dem Zeug fraß. Da habe ich einfach mal ein paar Halme ins Maul genommen. Ziemlich pappig! Und das piekst so doll! Da bleibe ich doch lieber bei Milch…

Mama, wo bist Du?

Bin ich froh. Mama ist wieder da! Sie hat mich heute alleine gelassen. Das war wirklich furchtbar. Auf einmal kamen Menschen, legten ihr ein komisches Ding auf den Rücken, das sie Sattel nannten, und führten sie aus unserer Box. Mich haben sie einfach zurückgedrängt! Ich war so verdutzt, dass ich so schnell gar nicht hinter ihr herkam.

Ich habe so laut nach ihr gerufen wie ich konnte. Sie antwortete mir auch, aber ihre Stimme wurde immer leiser. Irgendwann hörte ich sie gar nicht mehr. Ich war unheimlich traurig. Würde Mama jemals wiederkommen?

Zwar habe ich mitbekommen, dass die Mutter von dem Fohlen, das gegenüber steht, es auch öfters alleine ließ. Und sie kam jedes Mal wieder. Trotzdem wollte ich mich nicht darauf verlassen und wieherte vorsichtshalber weiter nach Mama. So lange und so laut ich konnte. Hin und wieder antworteten mir andere Pferde. Ich glaube, sie wollten mir Mut machen.

Wenn ich Hufgeklapper auf der Stallgasse hörte, hoffte ich jedes Mal, es könnte Mama sein. Es kam mir furchtbar lange vor, bis sie endlich wieder

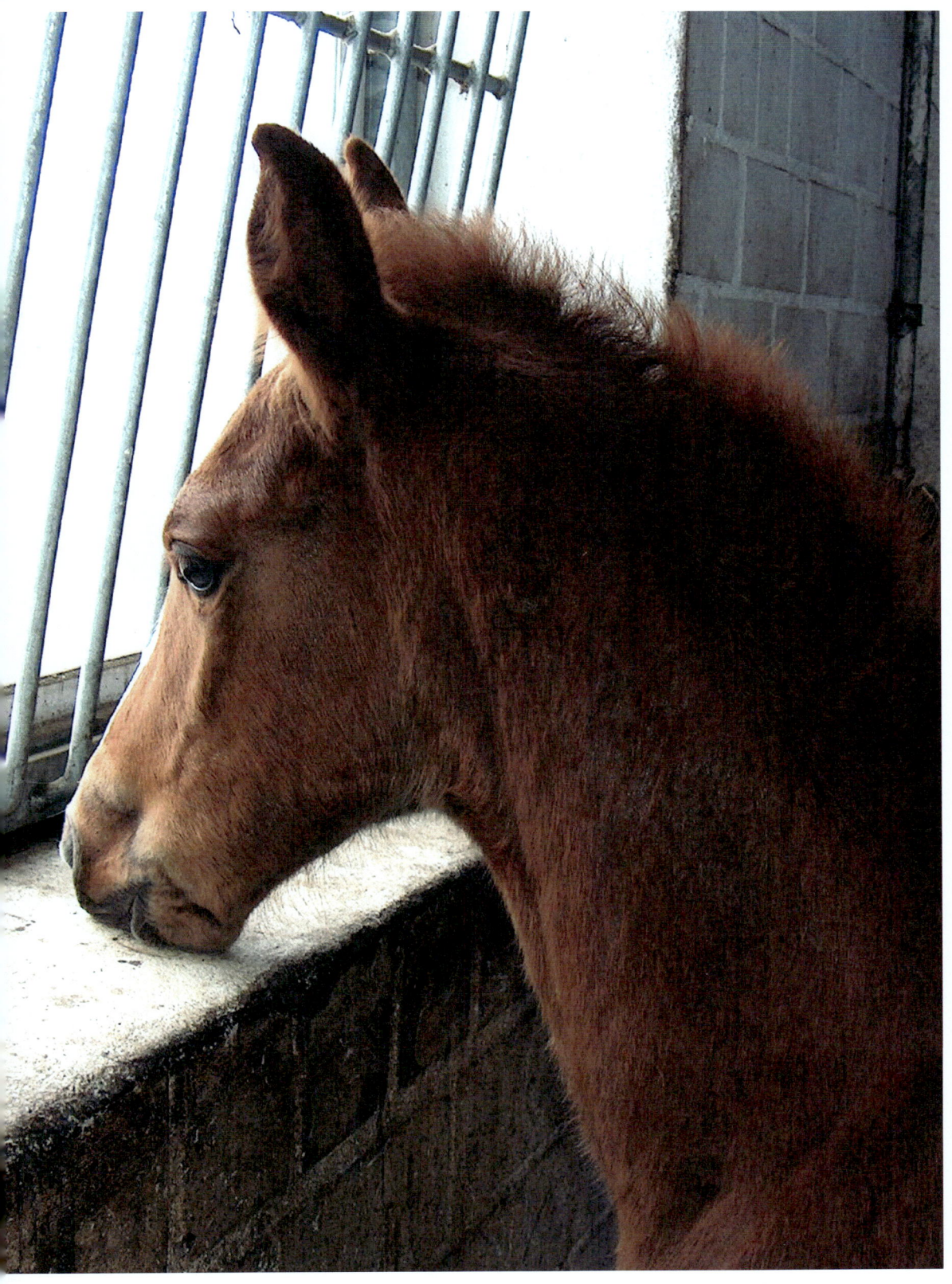

auftauchte. Plötzlich habe ich sie wiehern gehört. Dann ging die Tür auf und sie war wieder da! Puh, war ich erleichtert! Ich glaube, sie hatte sich auch schon Sorgen um mich gemacht.

Kaum war sie bei mir, musste ich erst mal etwas trinken. Schließlich hatte ich in der Zwischenzeit furchtbaren Hunger bekommen. Danach legte ich mich gleich hin. In der Nacht habe ich geschlafen wie ein Stein. Um Mama zu bangen ist wirklich viel anstrengender als draußen herumzulaufen!

Mit den Menschen anfreunden

Ich geb's zu: Ab und zu ist ein bisschen Stroh doch gar nicht so schlecht, um meinen Hunger zu stillen. Und Heu erst recht! Wenn Mama Hafer bekommt, fresse ich auch schon etwas mit - wenn sie mich an den Futtertrog lässt. Das schmeckt sogar ganz gut! Meine Zähne müssen nur noch ein wenig wachsen, damit ich alles besser kauen kann.
Ich finde, das Schönste am Tag ist der Vormittag. Dann kommen Mama und ich zusammen raus. Die anderen Fohlen, von denen es übrigens mehrere gibt, habe ich leider erst ein paar Mal gesehen. Obwohl ich gerne mit ihnen spielen würde, traue ich mich noch nicht so ganz, zu weit von Mama wegzulaufen. Wer weiß, ob ich sie bei dem ganzen Gewusel, das auf unserem Hof herrscht, wiederfinden würde?
Aber bald kommen wir zusammen mit ihnen auf die Weide - darauf freue ich mich schon! Mama hat mir vorgeschwärmt, wie schön es dort ist. Sie sagt, man kann da tun und lassen was man will. Und, dass es jede Menge Platz zum Herumtoben gibt. Klingt das nicht toll?
Mit den Menschen habe ich mich mittlerweile ganz gut angefreundet. Einer von ihnen kommt

manchmal vorbei und bürstet mich. Anfangs war ich etwas skeptisch – was macht der da bloß? Aber jetzt stört mich das nicht mehr. So lange sie mich in Ruhe lassen, wenn ich keine Lust auf sie habe, ist das in Ordnung. Außerdem macht es unheimlichen Spaß, ihre Klamotten anzuknabbern – auch, wenn ihnen das nicht immer zu gefallen scheint...

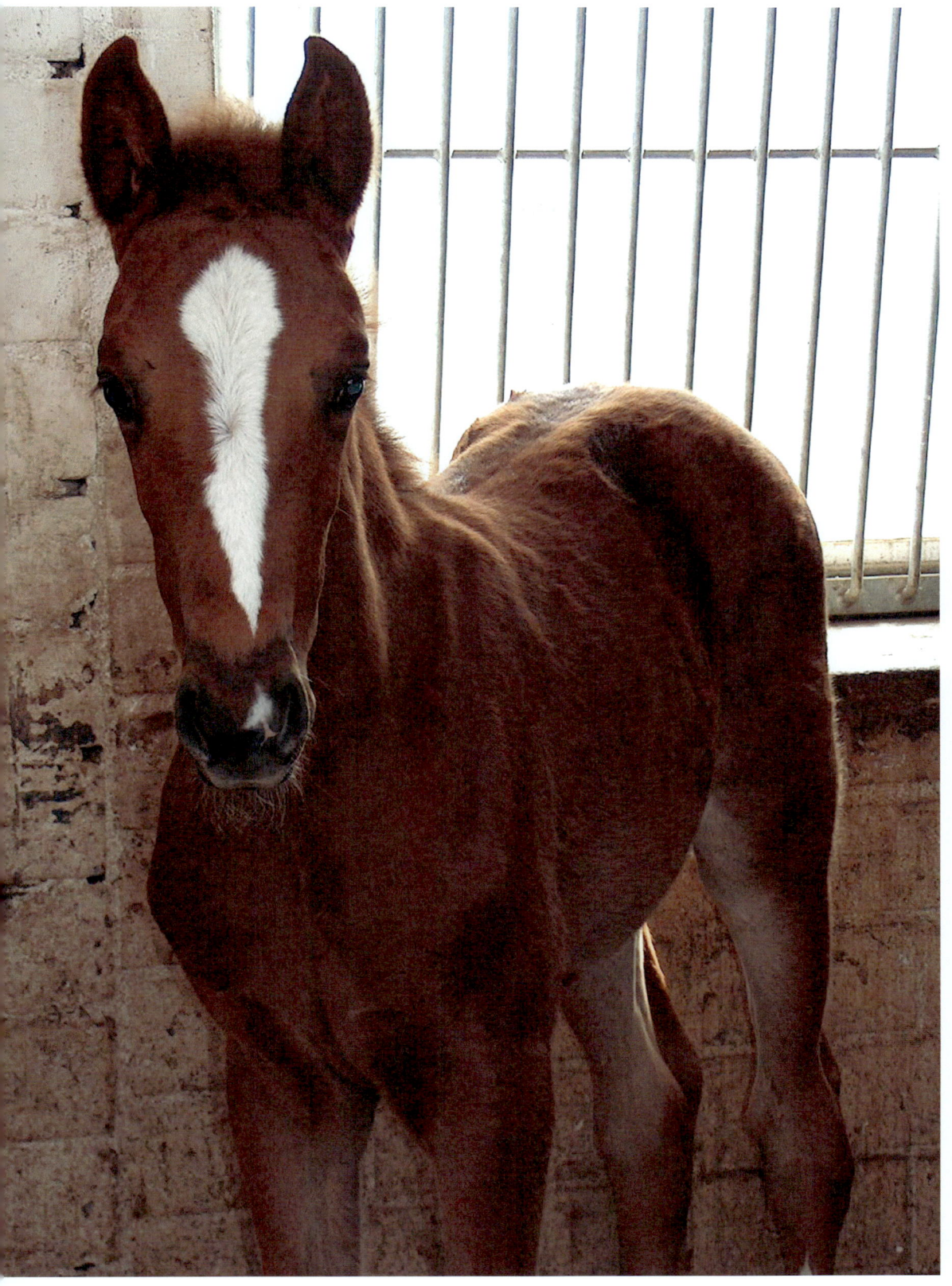

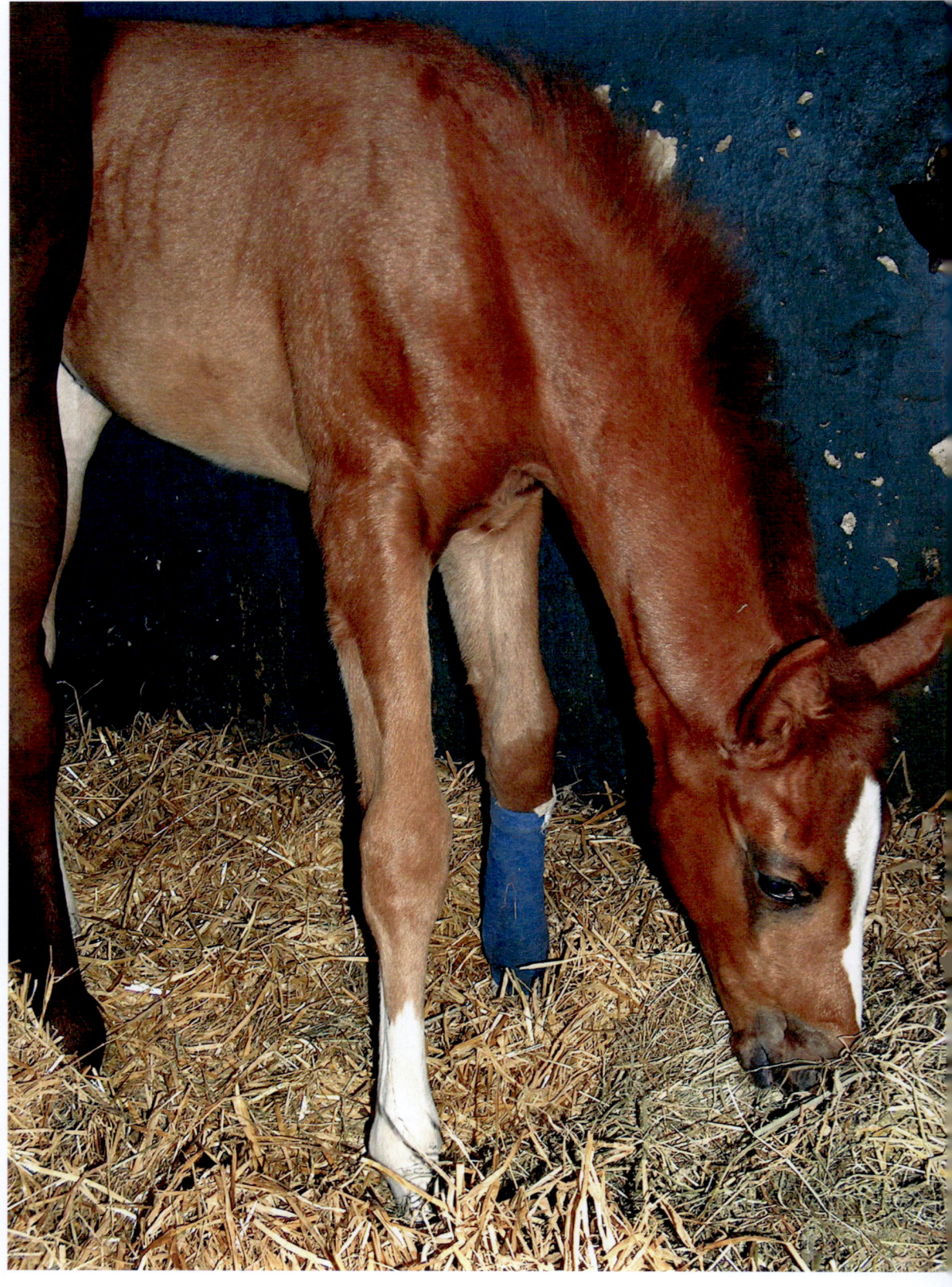

Der schrecklichste Tag meines Lebens

Heute war bestimmt der schrecklichste Tag meines Lebens. Wegen des schlechten Wetters durften Mama und ich nicht raus. Und weil ich Langeweile hatte und viel lieber herumgetobt wäre, kam ich auf die Idee, irgendwie aus der Box zu klettern.

Beim Versuch, über das Gitter zu kommen (ich gebe zu, es war zu hoch für mich) blieb ich mit dem linken Vorderbein hängen. Ich bekam furchtbare Angst und strampelte wie wild, um mich zu befreien. Es war sinnlos: Mein Bein steckte fest!

Zum ersten Mal war ich den Menschen richtig dankbar. Sie kamen mir sofort zur Hilfe und befreiten mich aus meiner Falle. Vorsichtig hoben sie mich hoch und zogen das Bein aus dem Gitter. Erst als ich wieder festen Boden unter den Hufen hatte, bemerkte ich, dass es unheimlich weh tat und blutete. Da habe ich mich total erschrocken!

Die Menschen wickelten mir gleich einen Verband um die Wunde und versuchten, mich mit Streicheleinheiten wieder zu beruhigen.

Später kam ein Mann, der sich das Bein ganz

genau angeschaut hat. Mama sagte, das sei
ein Arzt für Pferde gewesen. Sie regte sich
unheimlich auf, schließlich hat sie sich um
mich gesorgt.

Jetzt laufe ich mit einem dicken Verband herum.
Das ist furchtbar. Ich kann mich kaum bewegen
und jeder Schritt tut mir weh. Aber ich habe
daraus gelernt: Ich musste Mama versprechen,
so etwas nie wieder zu tun. Zumindest versuche
ich, mir Mühe zu geben.

Hoffentlich werde ich ganz schnell wieder gesund!
Ich hatte mich doch schon so auf die Weide
gefreut...

Ausbüxen will gelernt sein

Ich bin genervt: Zu gerne würde ich den Verband wieder los sein! Der zwickt wie verrückt und stört mich beim Laufen. Bisher hatte ich Pech: Immer, wenn der Tierarzt kam, hat er mein Bein wieder eingewickelt. Er tastet es jedes Mal ab und schmiert dann eine rote Salbe darauf. Obwohl es mir gar nicht mehr so weh tut!

Mama meinte, ich muss Geduld haben. Und dass ich mit meinen zwei Monaten schon mehr erlebt habe als sie in ihrem ganzen Leben! Ob ich mich darüber freuen soll, weiß ich allerdings nicht...

Schließlich darf ich immer nur kurz raus, so lange ich den Verband noch trage. Da bleibt mir nur die Box, in der ich herumspringen kann, wenn Mama mal nicht da ist. Und das mache ich nur zu gerne! Auch wenn der Platz begrenzt ist, kann man schon ganz tolle Bocksprünge vollführen!

Und ich nutze jede Gelegenheit zum Ausbüxen. Wenn die Menschen zu uns kommen, habe ich die Tür immer ganz genau im Blick. Dann versuche ich, einen unbemerkten Moment abzupassen, um ganz schnell auf die Stallgasse zu flitzen. Manchmal statte ich dem Fohlen gegenüber einen Besuch ab. Dann ist es ausnahmsweise mal neidisch auf mich -

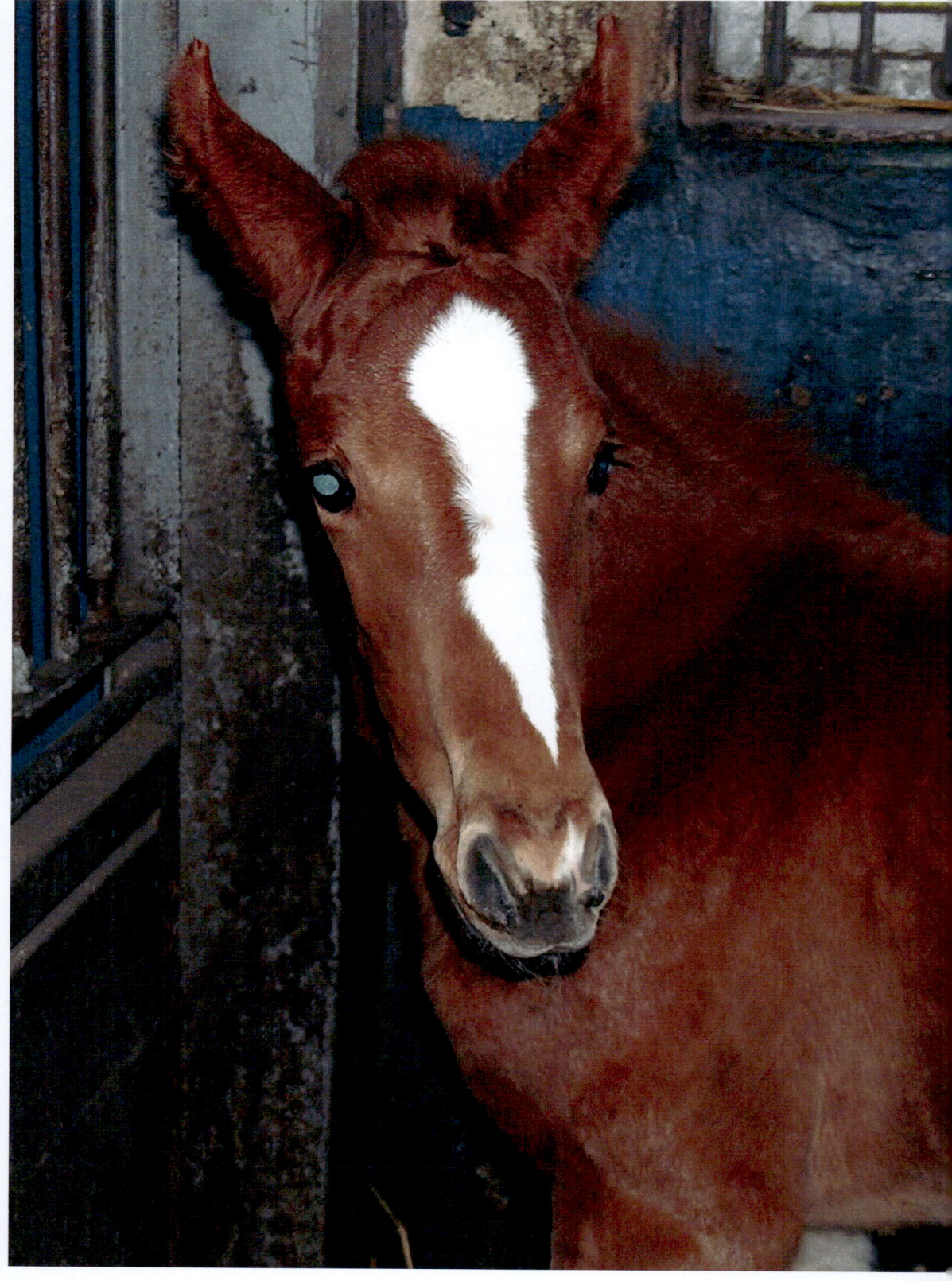

so clever ist es nämlich nicht! Zumindest habe ich
es noch nie ausbüxen sehen.

Bei meinen spannenden Ausflügen habe ich
schon so einiges entdeckt. Zum Beispiel die
Futterkammer! Als ich vorsichtig um die Ecke
schaute, erspähte ich dort einen ganzen Eimer,
der bis zum Rand mit Hafer gefüllt war. Großartig!
Wann bietet sich schon mal so eine Gelegenheit?
Bevor ich weiter auf Entdeckungstour ging, nahm
ich erst mal ein ganzes Maul voll.

Ein anderes Mal bin ich fast in ein anderes Pferd
gerannt, das plötzlich mit einem Menschen durch
die Tür kam. Es guckte mich so böse an, dass ich
mich lieber wieder aus dem Staub machte. Einmal
habe ich nämlich gesehen, wie eines der Fohlen von
einem fremden Pferd gebissen wurde! Ganz schön
gemein, oder? Das wollte ich nun wirklich nicht
riskieren.

Meistens endet das Ganze damit, dass ein
aufgeregter Mensch hinter mir herläuft und
versucht, mich wieder in die Box zu locken.

Das lasse ich mir aber nur gefallen, wenn ich höre,
dass Mama ganz böse wird. Dann ist es besser,
wieder zurückzukommen...

Mein erstes Halfter

Mir geht's schon viel besser! Seit ein paar Tagen
dürfen Mama und ich jeden Morgen raus auf die
Weide, obwohl ich den Verband immer noch tragen
muss.
Kaum sind wir durchs Gatter, fange ich an, ganz
schnell um Mama herum zu galoppieren und die
verschiedensten Bocksprünge auszuprobieren.
Darin bin ich schon ziemlich gut! Und weil meine
Mutter ganz verrückt nach Gras ist, habe ich auch
mal ein bisschen daran geknabbert. Das kann ich
nur empfehlen!
Allerdings gab es eine Bedingung, dass ich raus
durfte: Ich musste ein Halfter tragen. Die Menschen
kamen in die Box und hielten mir so ein Ding vor
die Nase. Nachdem sie es vorsichtig an meinem
Kopf angepasst und festgeschnallt hatten, fand ich
es zuerst etwas unangenehm und habe versucht,
es abzuschütteln. Ohne Erfolg.
Na gut, gewöhne ich mich halt daran! Irgendwie
bin ich sogar ein bisschen stolz, jetzt auch so etwas
zu tragen - wie meine Mama!

Eine ganze Weide für mich allein

Bin ich kaputt. Mama und ich sind gerade von der Weide zurückgekommen. Das war toll! Auch wenn ich immer noch außer Atem bin...
Heute sind wir ein ganzes Stück bis zu den Wiesen gegangen. Auf dem Weg habe ich viele neue Dinge gesehen! Und weil ich alles ganz genau erkunden musste, bin ich einfach so weit ich konnte vorgelaufen. So entdeckte ich auch den Reitplatz, wo ich schnell ein paar Runden drehte. Die Reiter erschraken richtig, als ich plötzlich um die Ecke gebogen kam! Mama ließ ich trotzdem nicht aus den Augen. Wenn sie kaum noch in Sichtweite war, bin ich schnell wieder hinter ihr hergelaufen.
Auf der Wiese preschte ich sofort los. Ich konnte es kaum glauben: (fast) eine ganze Weide für mich allein! Mit hoch erhobenem Schweif stürmte ich buckelnd um Mama herum. Manchmal bin ich so schnell gelaufen, dass ich richtig ins Straucheln kam und aufpassen musste, dass ich keine Bauchlandung mache! Außerdem nutzte ich die Gelegenheit, die anderen Pferde zu beobachten. Ich habe nicht schlecht gestaunt, wie viele verschiedene es auf unserem Hof gibt.
Mama ließ sich währenddessen lieber das Gras

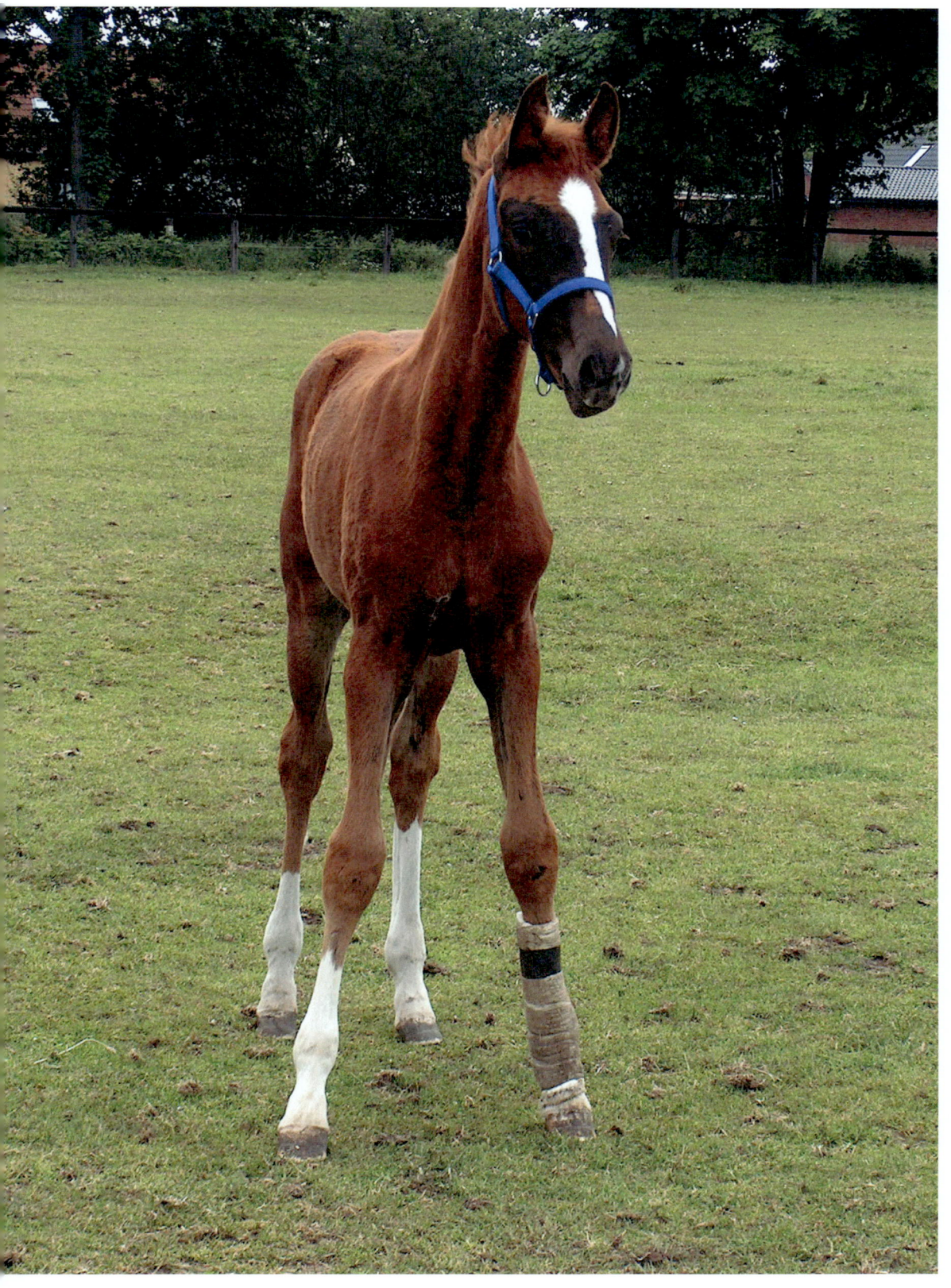

schmecken. Das habe ich zwischendurch zwar auch getan, aber ich musste feststellen, dass es gar nicht so einfach ist, das grüne Zeug zu fressen. Manchmal riss ich ganze Büschel aus dem Boden und hatte das ganze Maul voller Sand. Igitt! Ich glaube, die richtige Technik muss ich mir noch von Mama abgucken...

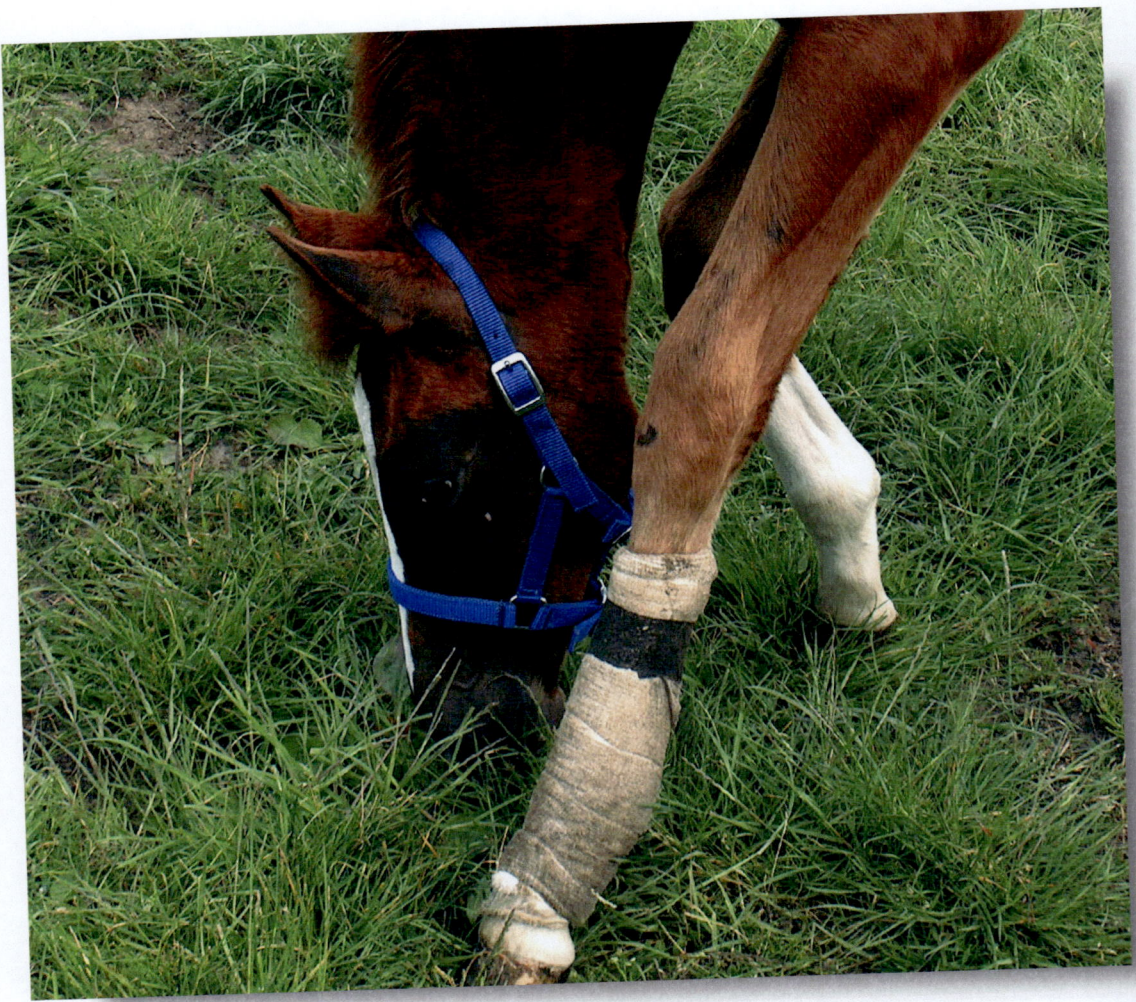

Keine Ähnlichkeit mit Papa

Ich hätte es selbst kaum gedacht, aber ich bin ein richtiger Putz-Fan geworden. Ich liebe es, an den Bürsten herumzuknabbern und sie durch die Box zu tragen. Außerdem finde ich es schön entspannend, gestriegelt zu werden. Ich bin so begeistert davon, dass ich mich jedes Mal, wenn ein Mensch mich putzen will, nicht mehr vom Fleck bewege, bis er fertig ist mit der Rundum-Säuberung. Nur im Gesicht mag ich die Bürsten nicht so gerne - besonders an der Nase kitzelt das fürchterlich!

Auch das Hufegeben haben sie schon mit mir geübt. Ich hatte das bei meiner Mama beobachtet und war etwas skeptisch. Irgendwie meinen die Menschen, sie müssten den Dreck herauskratzen. Warum sollte ich das mit mir machen lassen?

Sie konnten mich dann doch überreden. Von mir aus - wenn sie meinen Huf unbedingt festhalten wollen, sollen sie ihn kriegen. Meine Mühe zahlte sich aus: Zur Belohnung gab's eine Mohrrübe für mich.

Danach kümmerten sich die Menschen wieder um Mama. Klar, dass ich gleich die Chance nutzte und mal wieder ausgebüxt bin! Als ich über einen

Strohballen in Richtung der Boxen auf dem anderen
Gang stolperte, sah ich plötzlich Papa vor mir!
Mama hat ihn mir schon mal gezeigt, als wir auf
die Wiese gebracht wurden, aber so nah war ich
ihm noch nie. Wenn er Mama sieht, wird er
immer ganz aufgeregt und wiehert. Seltsam finde
ich das schon, schließlich bin ich sonst die
Einzige, die nach ihr ruft. Aber ich kann ihn
schon verstehen, schließlich ist sie wirklich
sehr hübsch!
Mich guckte er nur mit großen Augen an,
als ich da vor seiner Box herumtrabte. Ob er
mich wohl erkannt hat? Ich war jedenfalls
begeistert, ihn mal kennen zu lernen. Auch wenn
ich festgestellt habe, dass ich ihm gar nicht
ähnlich sehe.
Aber das ist nicht schlimm, schließlich will ich
später, wenn ich groß bin, einmal wie Mama
werden.

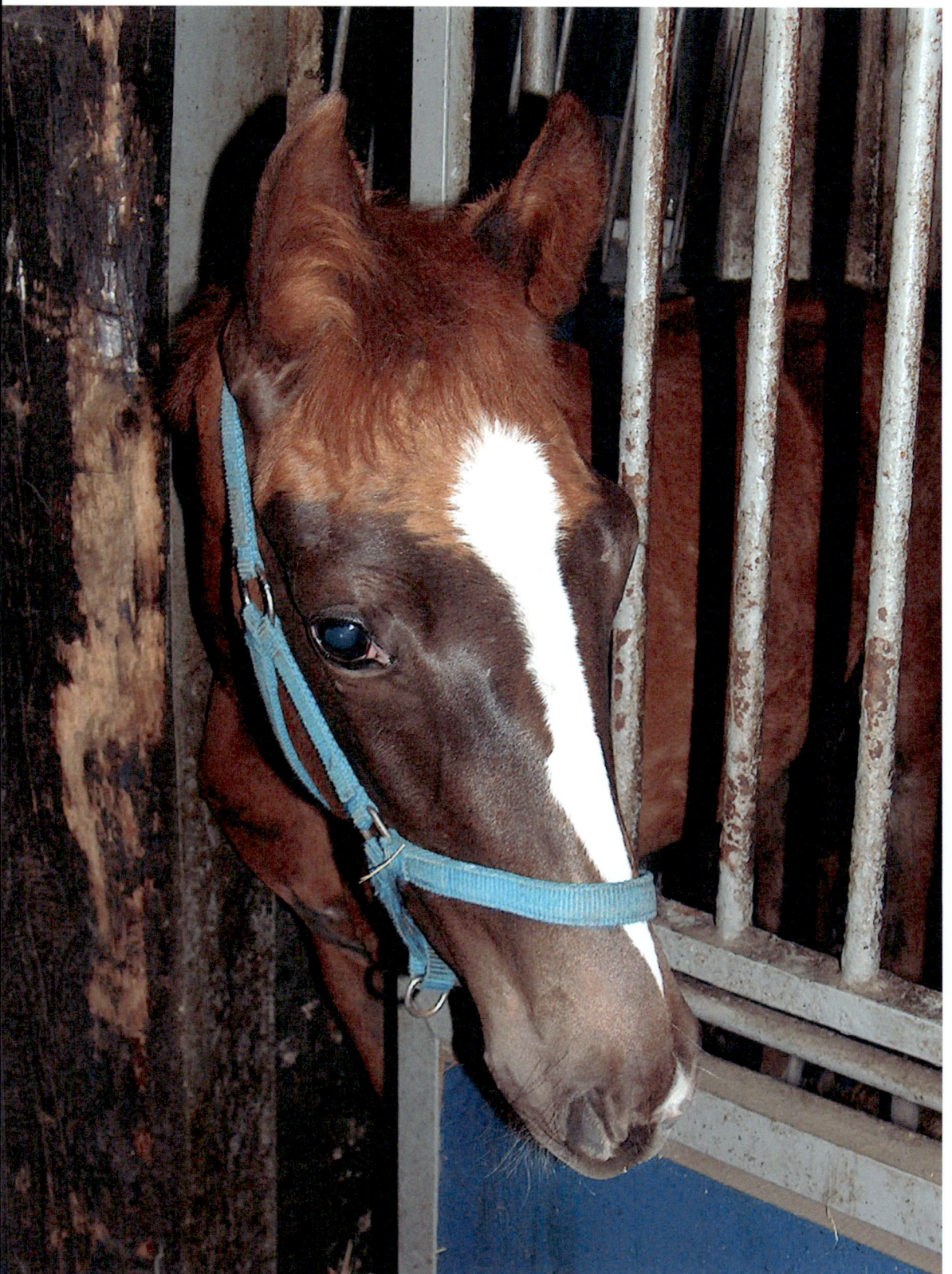

Zum Anknabbern gut

Gestern nach dem Weidebesuch herrschte bei uns auf dem Hof große Aufregung. Die Menschen rannten nervös durch den Stall. Draußen waren jede Menge fremde Pferde – so viele habe ich noch nie gesehen! Sie waren alle schick gemacht mit Zöpfen in den Mähnen.

Noch spannender war's, als die Menschen kamen und Mamas Mähne auch eingeflochten haben. Ich knabbere sowieso gerne daran herum - das war aber noch viel toller. Abends, als wir alleine waren, nutzte ich die Gelegenheit und zupfte so lange an den lustigen Zöpfen herum, bis sie aufgingen. Mama störte das nicht weiter, daran war sie ja schon gewöhnt. Nur den Menschen gefiel das gar nicht! Am nächsten Morgen schimpften sie ganz laut mit mir und haben uns gleich nach draußen gebracht. Dort fingen sie wieder hektisch an, Mamas Mähne zu bändigen.

Ich hätte ja gerne gesehen, was sie mit Mama machten, als sie sie auf den Reitplatz führten, wo die anderen Pferde waren. Das war bestimmt eine gute Gelegenheit, neue Freundschaften zu schließen. Aber leider durfte ich nicht mit. Mama erzählte mir anschließend, dass sie bei

einer Veranstaltung war, die „Turnier" genannt wird. Dort wurden die Pferde und ihre Reiter bewertet. Sie mussten im Viereck herumtraben und galoppieren. Ich bin mir sicher, dass Mama eine der Besten war!
Ob ich so etwas später auch mal erleben darf?

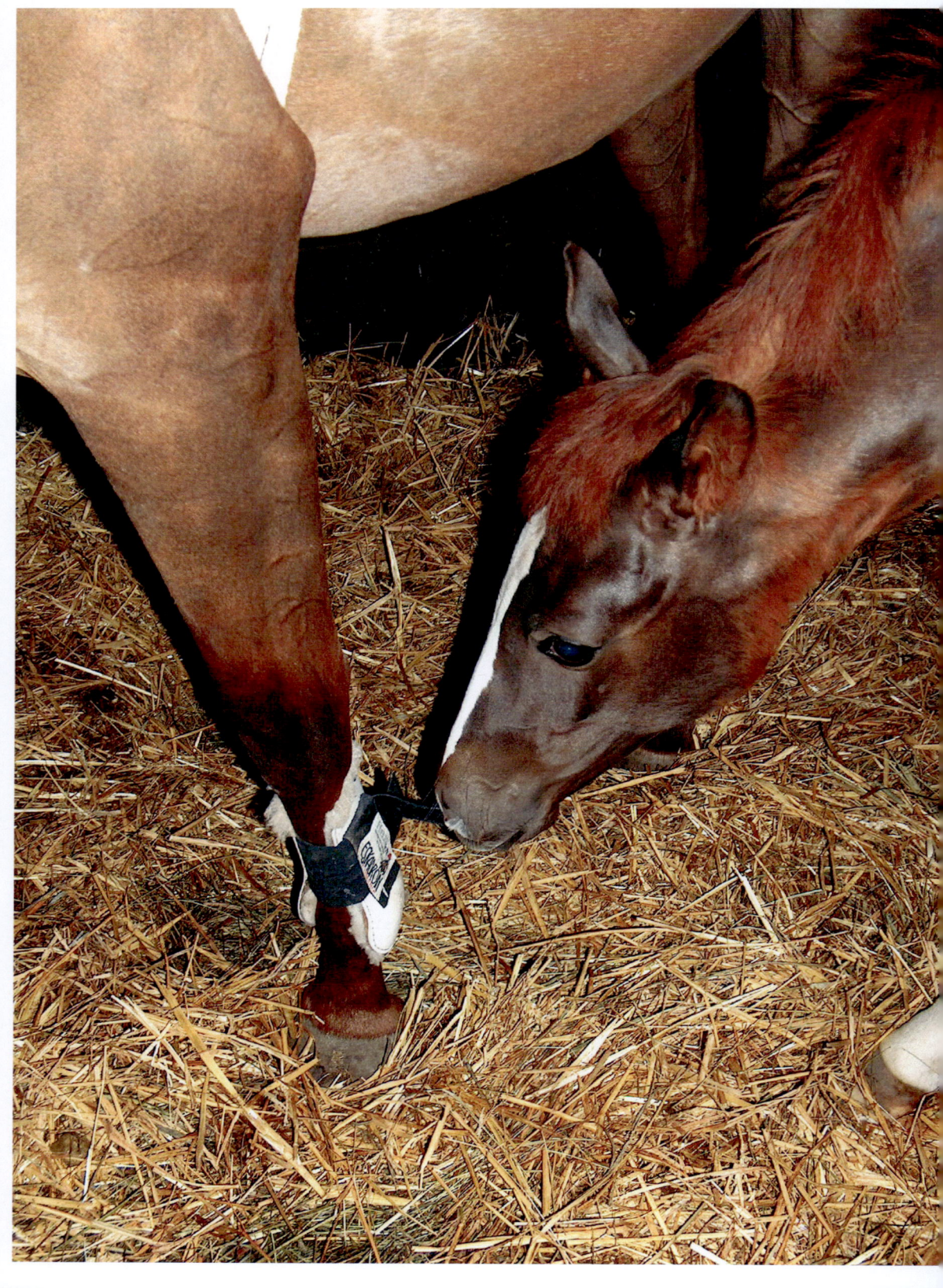

Zu viel Unsinn für meine Mama

Endlich! Ich bin den Verband los! Heute haben die Menschen ihn abgewickelt und ich bin wieder frei.

Seitdem ist Mama ganz schön genervt von mir. Ich glaube, manchmal stelle ich etwas zu viel Unsinn an. Dabei kann ich gar nichts dafür! Schließlich gibt es so viele spannende Dinge, die ich ausprobieren muss. Das darf ich mir doch nicht entgehen lassen!

Von meinen Ausflügen ist Mama ohnehin nicht begeistert. Wenn ich aus ihrem Blickfeld verschwinde, macht sie sich gleich Sorgen um mich. Und wenn wir zusammen draußen sind, laufe ich so weit ich kann in alle Himmelsrichtungen davon. Zugegebenermaßen ist es nicht einfach, mich immer im Blick zu behalten! Auch wenn ich natürlich immer zu ihr zurückkomme - spätestens, wenn die Menschen mich wieder eingefangen haben.

Was mir besonders gut gefällt: Ich knabbere gerne alles an, was sich mir in den Weg stellt. Ob Mamas Halfter, Putzkasten oder Strick - nichts ist vor mir sicher. Am lustigsten ist es, wenn die Menschen vorbeikommen und Mama fürs Reiten fertig machen. Die Zügel und der Sattel verlocken wirklich zum Hineinbeißen. Habe ich einmal einen Steigbügel erobert, will ich ihn gar nicht mehr loslassen. Genau wie diese Dinger, die Mama um die Beine bekommt. Ich glaube, die Menschen nennen sie Gamaschen. Wenn man nur lange genug daran zieht, öffnet sich der Verschluss ohne Probleme. Das ist lustig. Und damit kann man die Menschen so schön ärgern!

Wobei Mama aber absolut keinen Spaß versteht, sind unsere Mahlzeiten. Fresse ich ihr zu viel Hafer weg oder bin beim Trinken zu gierig, bekomme ich das gleich zu spüren: In Form von ihren Zähnen in meinem Popo! Sie meint, Strafe muss sein.

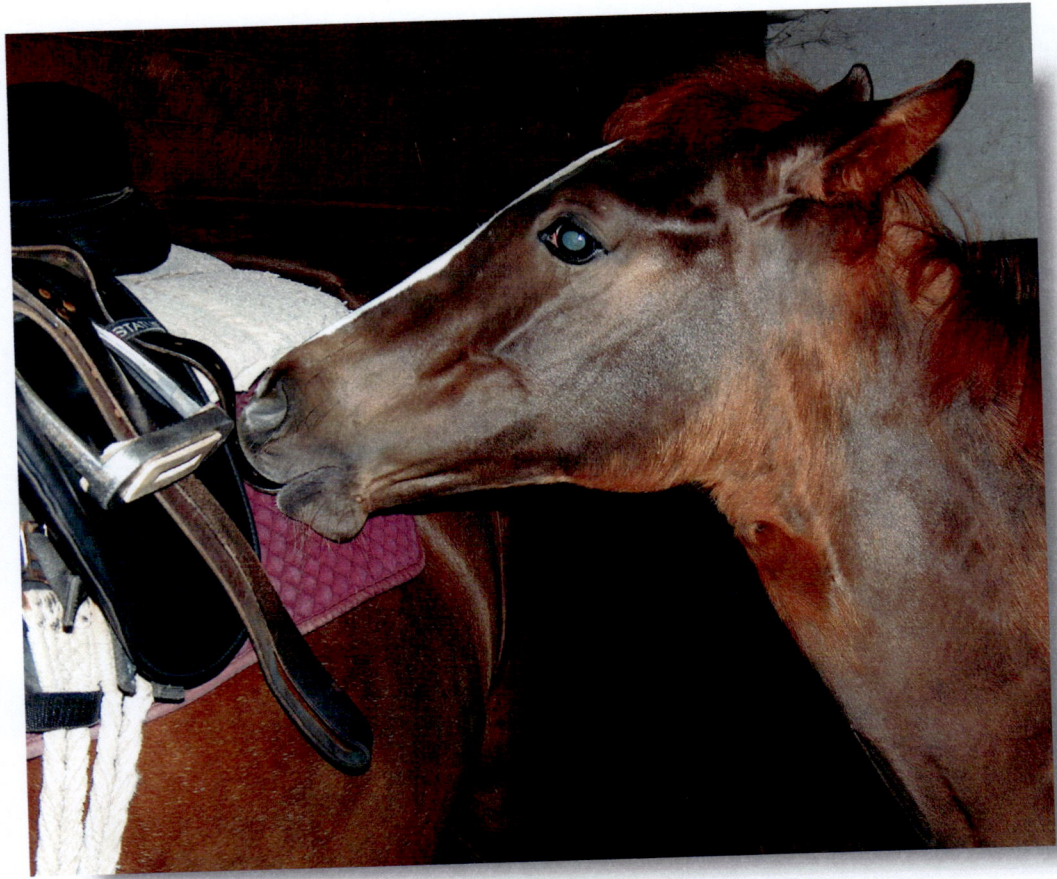

Faustdick hinter den Ohren

Mama und ich sind jetzt fast die ganze Zeit draußen. Das ist wirklich toll! Denn auf der großen Weide kann ich tun und lassen, was ich will.
Mir ist aufgefallen, dass ich schon größer bin als einige der anderen Fohlen. Und mein Fell sieht auch ganz anders aus: Die vielen flauschigen Haare fallen aus. Im Gesicht, am Hals und an den Beinen habe ich eine viel dunklere Farbe bekommen. Ist das nicht seltsam?
Wenn wir auf die Wiese kommen, verbringt Mama die ersten Minuten nur damit, die anderen Pferde von mir fern zu halten. Sie will nicht, dass sie mir zu nahe kommen. Das finde ich eigentlich schade, schließlich möchte ich sie am liebsten alle kennen lernen.
Erst wenn Mama sich endlich dem Gras widmet, habe ich freie Bahn. Dann schleiche ich mich von ihr weg und pirsche mich an die anderen heran. Letztens habe ich Bekanntschaft mit einem Pferd gemacht, das viel größer ist als Mama. Da hatte ich doch etwas Respekt und bin schnell wieder geflüchtet. Obwohl er mich eigentlich ganz nett anguckte...
Eins weiß ich bei meinen Ausflügen immer ganz genau: Sollte ich tatsächlich mal in eine brenzlige

Situation kommen, ist Mama immer gleich zur Stelle und nimmt mich in Schutz. Wie letztens: Aus Versehen kam ich in die Nähe einer anderen Stute. Die jagte mich über die halbe Weide, bis Mama sie mit einem kräftigen Huftritt verscheuchte!

Trotzdem gefällt es mir so gut draußen, dass ich manchmal, wenn wir wieder reingeholt werden, einfach ganz weit weglaufe. Irgendwie muss es doch klappen, dass ich auf der Wiese bleiben kann. Leider schaffen es die Menschen trotzdem immer, mich wieder einzufangen. Sie meinen, ich hätte es faustdick hinter den Ohren. Was auch immer das heißen mag?

Schönheitsschlaf vor dem großen Tag

Ich bin verwirrt. Heute kamen die Menschen und haben mich von oben bis unten gebürstet, bis ich richtig glänzte. Auch an meiner Mähne haben sie sich zu schaffen gemacht. Da waren sie ganz clever: Ich wurde mit leckeren Möhren abgelenkt. Während ich daran knabberte, haben sie mir Zöpfe geflochten, wie bei Mama vor ein paar Wochen! Das finde ich zwar ganz schön, aber nach einer Weile fingen die blöden Dinger an zu zwicken. Als sie mit mir fertig waren, nahmen sie sich Mama vor. Das hat wirklich ewig gedauert! Mir war so langweilig, dass ich irgendwann eingeschlafen bin. Umso schlimmer war's, als sie mich wieder aufweckten. Ich sollte plötzlich mit Mama nach draußen auf den Waschplatz. Dort kamen die Hufe an die Reihe mit Saubermachen. Wie langweilig! Da machte ich mich lieber aus dem Staub, um mich auf dem Hof genauer umzusehen. Denn irgendetwas Interessantes gibt es dort immer zu entdecken. Diesmal lernte ich ein sehr großes, braunes Pferd kennen. Weil es mich so nett ansah, trabte ich gleich zu ihm hinüber. Als ich in seine Nähe kam, wurde es plötzlich ganz wütend und biss mich in den Hals. Aua! Das war wirklich nicht nett.

War ich erleichtert, als wir wenig später wieder
in unsere Box durften. Endlich richtig schlafen!
Jetzt bin ich gespannt, was wohl als nächstes auf
Mama und mich zukommen wird...

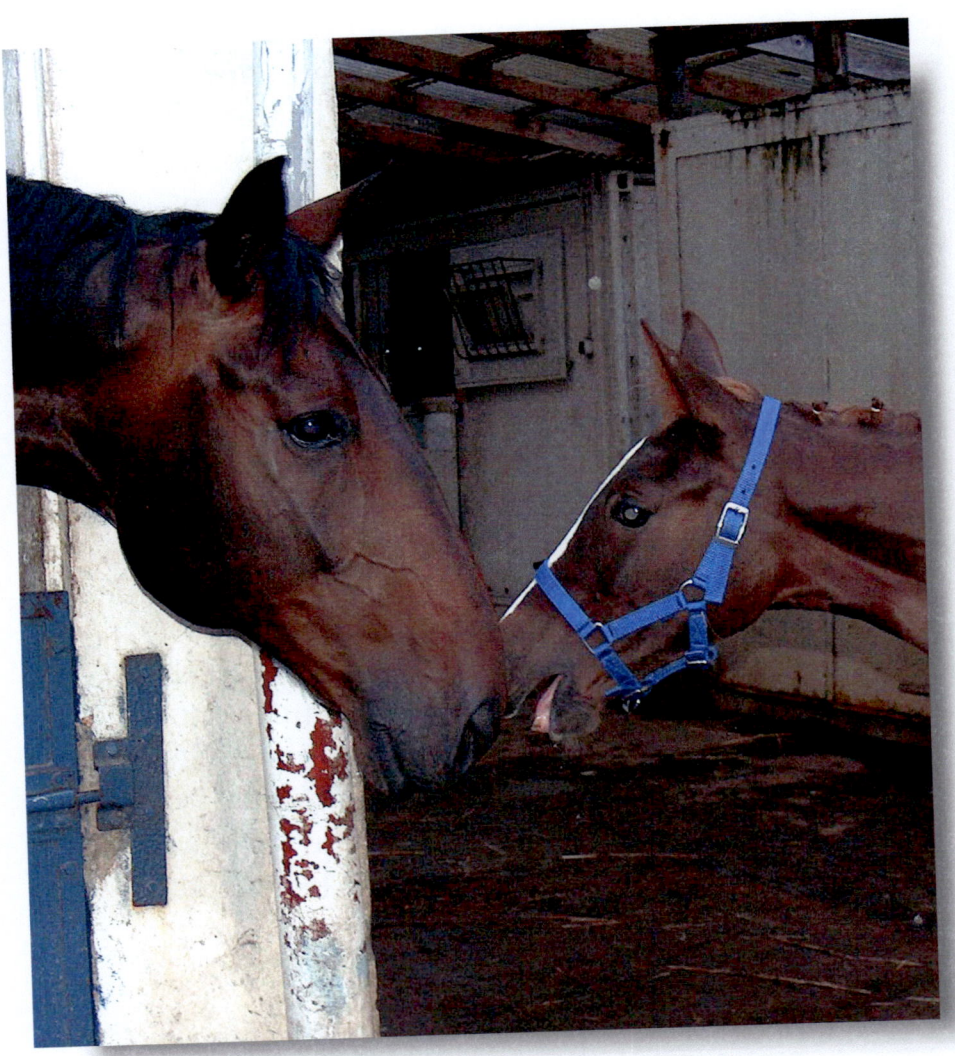

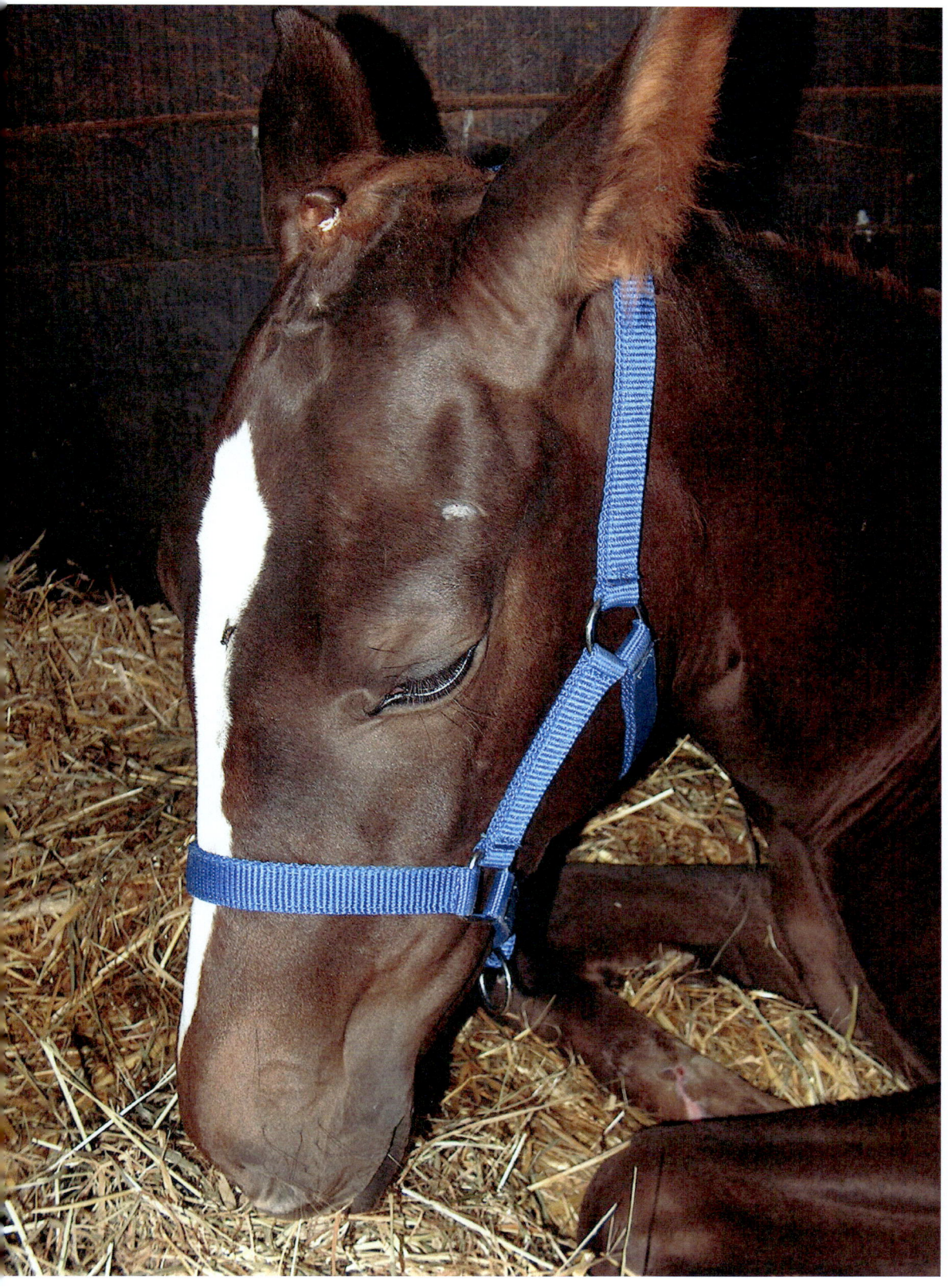

Mit Brand und guter Wertnote

Als ich heute morgen aufwachte, wunderte ich mich darüber, warum sich meine Mähne eigentlich so merkwürdig anfühlte. Dann habe ich die Zöpfe entdeckt und es fiel mir wieder ein: Die Menschen hatten Mama und mich für irgendetwas schick gemacht. Früh morgens kamen sie wieder und wurden plötzlich ganz hektisch. Die Zöpfe, die nicht mehr richtig saßen, wurden noch einmal geflochten. Dann ging's los. Mama und ich wurden nach draußen geführt. Dort warteten schon ganz viele andere Fohlen mit ihren Müttern. Ich war begeistert! Natürlich bin ich gleich zu ihnen gelaufen und wir sind zusammen ein bisschen herumgetobt. In dem ganzen Gewühl war es anschließend gar nicht so einfach, Mama wiederzufinden.

Jedes Fohlen musste dann mit seiner Mutter in die Halle. In der einen Ecke stand ein Tisch, an dem mehrere Männer saßen, die mich prüfend ansahen. Vor ihnen mussten wir stehen bleiben. Sie haben Mama und mich ganz genau unter die Lupe genommen. Dann wollten sie, dass wir traben. Das tat Mama auch ganz brav. Ich hatte allerdings nicht viel Lust dazu und stellte mich lieber in die Mitte oder galoppierte in vollem Tempo hinter ihr her.

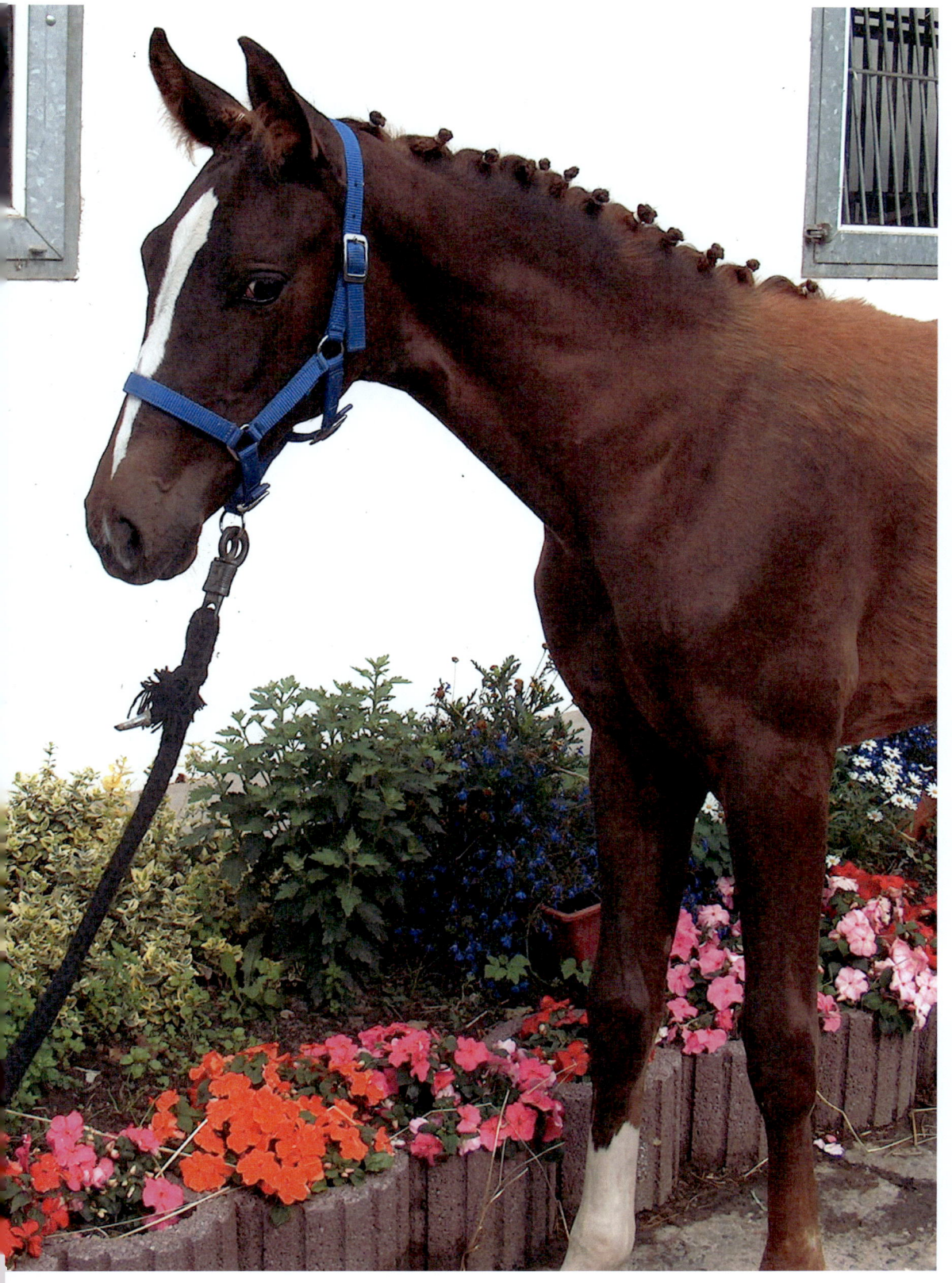

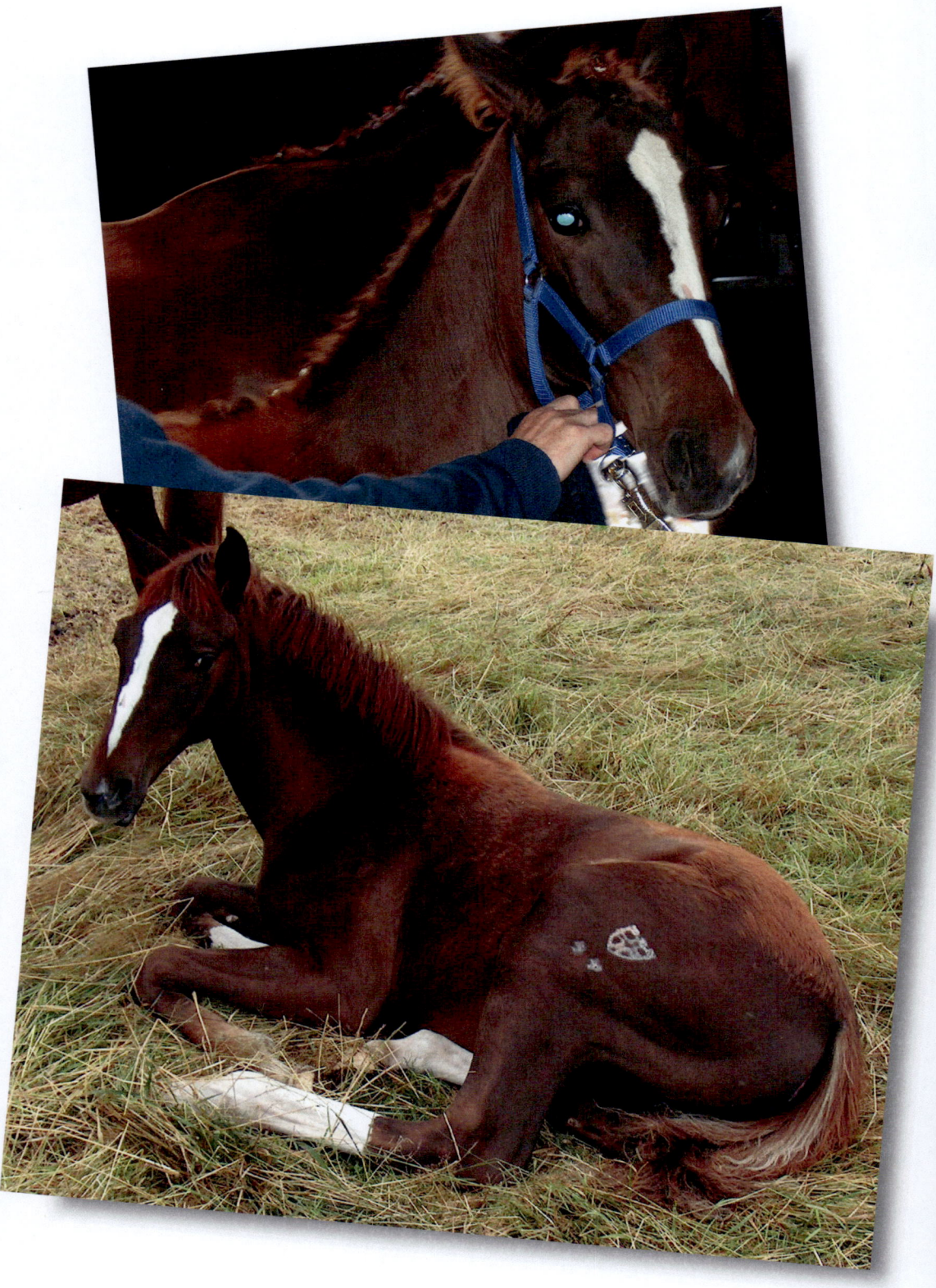

Ich wollte den Männern zeigen, was ich von ihnen
hielt und keilte im Vorbeilaufen nach ihnen aus...
Erst im Nachhinein hat Mama mir erklärt, dass die
Menschen mich bewerten wollten, wie ich aussehe
und mich bewege. Hätte ich das vorher gewusst!
Trotz allem bin ich Zweitbeste von allen geworden!
Ist das nicht toll?

Als wir kurz darauf wieder in die Halle gebracht
wurden, war's auf einmal richtig laut und stank
nach Rauch. Aus dem Augenwinkel sah ich einen
Mann auf mich zukommen, habe mir aber nichts
Böses dabei gedacht. Bis er mich auf einmal am
Halfter packte und ich plötzlich einen Schmerz an
meiner linken Hinterbacke spürte!
Als ich genauer hinsah, entdeckte ich, dass mein
Fell qualmte und ich dort plötzlich so einen
merkwürdigen Abdruck hatte. Ich war ganz perplex:
Was haben die Menschen da bloß wieder mit mir ge-
macht?
Später erzählte Mama mir, dass das ein
Brandzeichen ist. Sie meinte, jedes Pferd bekommt
so etwas, damit es später immer wiedererkannt
werden kann.
Ob die Anderen wohl seitdem auch so schlecht auf
ihrer linken Seite schlafen können?

Die Mutprobe

Heute mussten Mama und ich durch die große
Reithalle, als wir zur Weide gebracht wurden. Auf
dem Weg dorthin habe ich viele Pferde gesehen,
die ich noch nicht kannte. Einige wieherten mich
freundlich an, als ich an ihren Boxen vorbeikam.
Neugierig streckten sie mir ihre Nasen entgegen.
Klar, dass ich mich vorsichtig an sie heranpirschte,
um sie ein bisschen zu beschnuppern.
Ein kleines schwarzes Pony schien besonders
interessiert an mir zu sein: Es gab mir einen
freundlichen Knuff in die Seite. Ich glaube, es
hätte gerne mit mir gespielt! Kurz überlegte ich,
ob ich nicht ein bisschen bei ihm bleiben könnte.
Die Idee verwarf ich aber schnell wieder, schließlich
wusste ich, dass mich die Menschen ohnehin
irgendwann ertappen und mitnehmen würden,
wie sie es immer tun...
Als ich mich irgendwann nach Mama umblickte,
sah ich, dass sie schon fast außer Sichtweite war.
Sie stand mit einem Menschen am anderen
Ende der Halle. Eigentlich nicht weiter schlimm,
sonst hole ich sie immer ohne Probleme im
Renngalopp wieder ein.
Dann entdeckte ich jedoch das Übel: Sie wartete

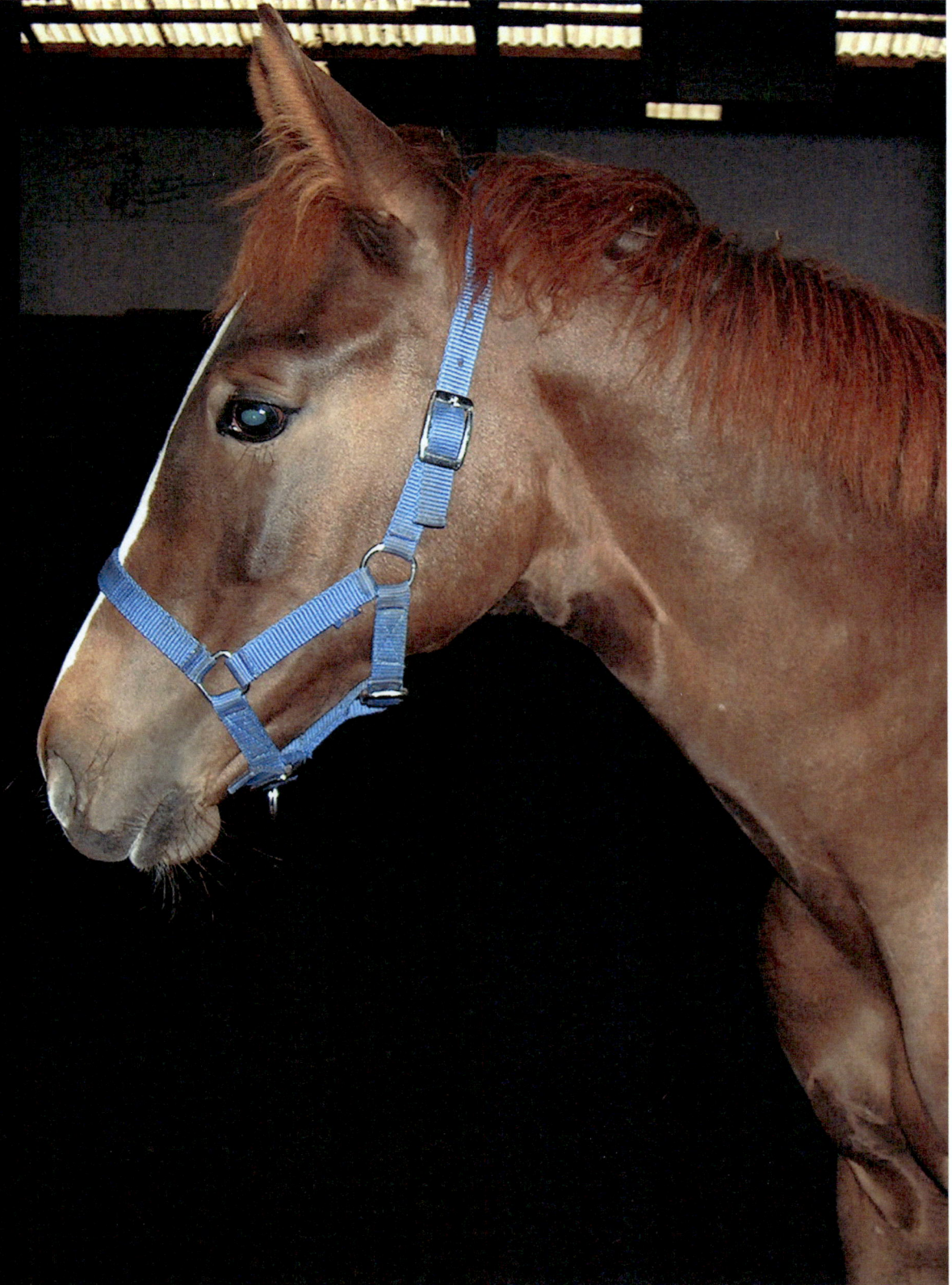

hinter einem merkwürdigen blauen Anhänger
auf mich, der in der Mitte des Vierecks stand.
Die Menschen waren aus irgendeinem Grund
gerade dabei, bunte Stangen abzuladen. Mir blieb
kaum Platz, daran vorbeizulaufen! Das kam mir
irgendwie ganz unheimlich vor und eigentlich
hatte ich nicht besonders viel Lust, mich an dem
gefährlichen Ding vorbeizubewegen.
Also, was tun? Ich steckte wirklich in der
Zwickmühle. Nachdem ich mich ein paar Mal
um mich selbst gewunden hatte, natürlich immer
die Gefahr im Blick, nahm ich schließlich meinen
ganzen Mut zusammen. So schnell ich konnte
galoppierte ich an dem Ungeheuer vorbei.
War ich erleichtert, als ich auf der anderen Seite
ankam und Mama mich mit einem sanften Stupser
begrüßte!

Mama beschützt mich

Mama und ich kommen jetzt immer auf eine andere Weide. Ich finde die anderen Pferde ganz nett, aber Mama scheint etwas gegen sie zu haben. Und das, obwohl wir gleich, als wir die Wiese betraten, im Mittelpunkt standen. Die anderen folgten uns auf Schritt und Tritt und wollten uns unbedingt kennen lernen. Das passte Mama ganz und gar nicht.

Sie achtet immer genau darauf, dass mir niemand zu nahe kommt. Beim Grasen stellt sie sich direkt vor mich. Als ob sie mich vor den Blicken der anderen schützen möchte. Falls sie uns doch auf die Pelle rücken, jagen wir über die Weide, um sie abzuschütteln.

Zunächst hatte ich ein wenig Angst vor den anderen Pferden, weil Mama so böse zu ihnen war. Manchmal erschrak ich richtig, wenn sie drohend die Ohren anlegte und ihnen die Zähne zeigte. Da blieb ich lieber an ihrer Seite und ließ sie nicht aus den Augen.

Mittlerweile finde ich unsere Wettläufe aber ganz spannend. Ich habe gemerkt, dass mir die anderen Pferde nichts Böses wollen. Eines von ihnen, das etwa so groß ist wie ich, mag ich besonders.

Manchmal stürme ich einfach mit ihm davon.
Das macht wahnsinnigen Spaß! Dann muss Mama
sehen, wie sie hinterher kommt...

Zähne gezeigt und Huftritte ausgeteilt

„Chanti!", leise hörte ich jemanden neben mir rufen. Träumte ich? Müde blinzelte ich in die Morgensonne. Erst als sich meine Augen an das Licht gewöhnt hatten, entdeckte ich, dass ein Mensch vor mir kniete und mir über den Hals strich. Neben mir im Gras lagen die anderen Pferde. Warum wurde ich so früh am Morgen geweckt? Und wo war Mama überhaupt? Suchend blickte ich mich um. Dann sah ich sie: Ihr hatten die Menschen schon ein Halfter angelegt. Meines bekam ich auch gleich angepasst. Noch im Halbschlaf ließ ich mich überreden, aufzustehen und mit zum Stall zu kommen.

Bevor Mama und ich in die Box durften, legten wir beim Waschplatz einen Stopp ein. „Prima", dachte ich mir, schließlich gibt es dort genügend Dinge zu entdecken.

Als ich gerade auf dem Weg zu den Pferden war, die nebenan ihre Boxen haben, sah ich, dass wir nicht alleine waren. Neben uns wurde eine andere Stute angebunden, die ebenfalls von einem Fohlen begleitet wurde. Plötzlich war ich hellwach: Ich musste es unbedingt kennen lernen!

Doch bevor ich mir darüber Gedanken machen

konnte, wie ich das am besten anstelle, kam das Fohlen schon auf mich zu. Es war ein kleiner Hengst. Mir fiel gleich auf, dass ich etwas größer war als er. Wir beschnupperten uns erst mal ausführlich.

Ich muss sagen, er war ja ganz nett, aber irgendwie fand ich ihn ein bisschen langweilig. Deswegen habe ich mich schnell etwas Spannenderem gewidmet. Er folgte mir jedoch auf Schritt und Tritt und wollte unbedingt mit mir spielen.

Irgendwann hatte ich genug davon. Ich beschloss, ihn in die Schranken zu weisen - wie ich es bei Mama gesehen hatte. Als erstes bekam er meine Zähne zu spüren. Als er danach immer noch an meinem Hintern klebte (er war ein wenig schwer von Begriff), auch noch meine Hufe. Der kleine Hengst war richtig verdutzt – damit hatte er wohl nicht gerechnet! Plötzlich war er ganz kleinlaut und verkroch sich schnell wieder hinter seiner Mama.

Selbst ist das Fohlen

Ich bin schon richtig selbstständig geworden: Auf der Weide gehe ich oft meine eigenen Wege. Wartezeiten vertreibe ich mir in der Box damit, zu schlafen oder am Heu zu knabbern. Es ist ganz angenehm, die Box für mich alleine zu haben - ich bin schon so groß, dass es dort zu zweit fast ein wenig zu eng ist.

Manchmal unternehme ich sogar kleine Ausflüge mit den Menschen - ganz ohne Mama. Die regt sich dann immer fürchterlich auf, schließlich bin ich sonst diejenige, die in der Box warten muss. Mich stört das hingegen gar nicht. Ich bin stolz, dass ich schon ohne sie raus darf!

Natürlich freue ich mich trotzdem jedes Mal, wenn ich wieder zu ihr zurückkomme - vor allem, weil ich mich dann mit einem Schluck köstlicher Milch erfrischen kann.

In den vergangenen beiden Wochen war es so warm, dass wir auf der Weide richtig ins Schwitzen kamen und um die begehrten Schattenplätze kämpfen mussten. Oft haben Mama und ich uns dann gleich eine Fläche nahe der Tränke gesichert, um immer unseren Durst löschen zu können. Neben ihrer Milch trinke ich mittlerweile nämlich auch schon

Wasser! Ich habe das mal probiert und fand es so schön kühl, dass ich jetzt ab und zu auch daran nippe.

Um nicht mehr in den Stall zu müssen, setze ich meine ganzen Kräfte ein, wenn die Menschen kommen. Dass sie mir das Halfter umschnallen, ist ja noch okay, aber jetzt noch weg von der Weide? Nö! Da stemme ich meine Beine einfach so doll ich kann in den Boden. Sich überhaupt zu bewegen ist schon anstrengend bei der Hitze - und dann den ganzen Weg zur Box? Ohne mich!

Ich lasse mich nur überreden, mit ihnen und Mama mitzukommen, wenn sie mir ein Leckerli vor die Nase halten. Dann ziehen sie mich ganz schnell durchs Tor, so dass ich nicht mehr zurück kann. Meist ergebe ich mich dann meinem Schicksal, schließlich weiß ich, dass es in der Box leckeren Hafer gibt...

Es gibt viel zu lernen

Die Menschen verhalten sich in letzter Zeit merkwürdig. Sie kümmern sich viel mehr um mich als sonst. Irgendwie wollen sie mir verschiedene Dinge beibringen. Zum Beispiel, dass ich, genauso wie Mama, am Strick geführt werde und nicht mehr frei herumlaufe. Ich glaube, das machen sie, weil ich manchmal gar keine Lust mehr habe, mit Mama mitzugehen.

Außerdem holen sie mich jetzt öfters von Mama weg und gehen ein bisschen mit mir spazieren. Letztens haben sie mich festgebunden. Das fand ich gar nicht lustig! Ich wunderte mich, dass ich auf einmal nicht mehr hinlaufen konnte, wo ich wollte, sondern an die Wand gefesselt blieb. Da half auch kein Ziehen und Zerren. Bei Mama hatte ich das schon beobachtet - und sie steht dann immer ganz brav da. Also habe ich es einfach mal über mich ergehen lassen. Ich glaube, die Menschen waren ganz zufrieden mit mir.

Auch das Hufeauskratzen wird fleißig geübt. Dafür ernte ich immer viel Lob, denn das mache ich schon richtig gut. Ich frage mich nur, warum sich die Menschen auf einmal so viel um mich kümmern?

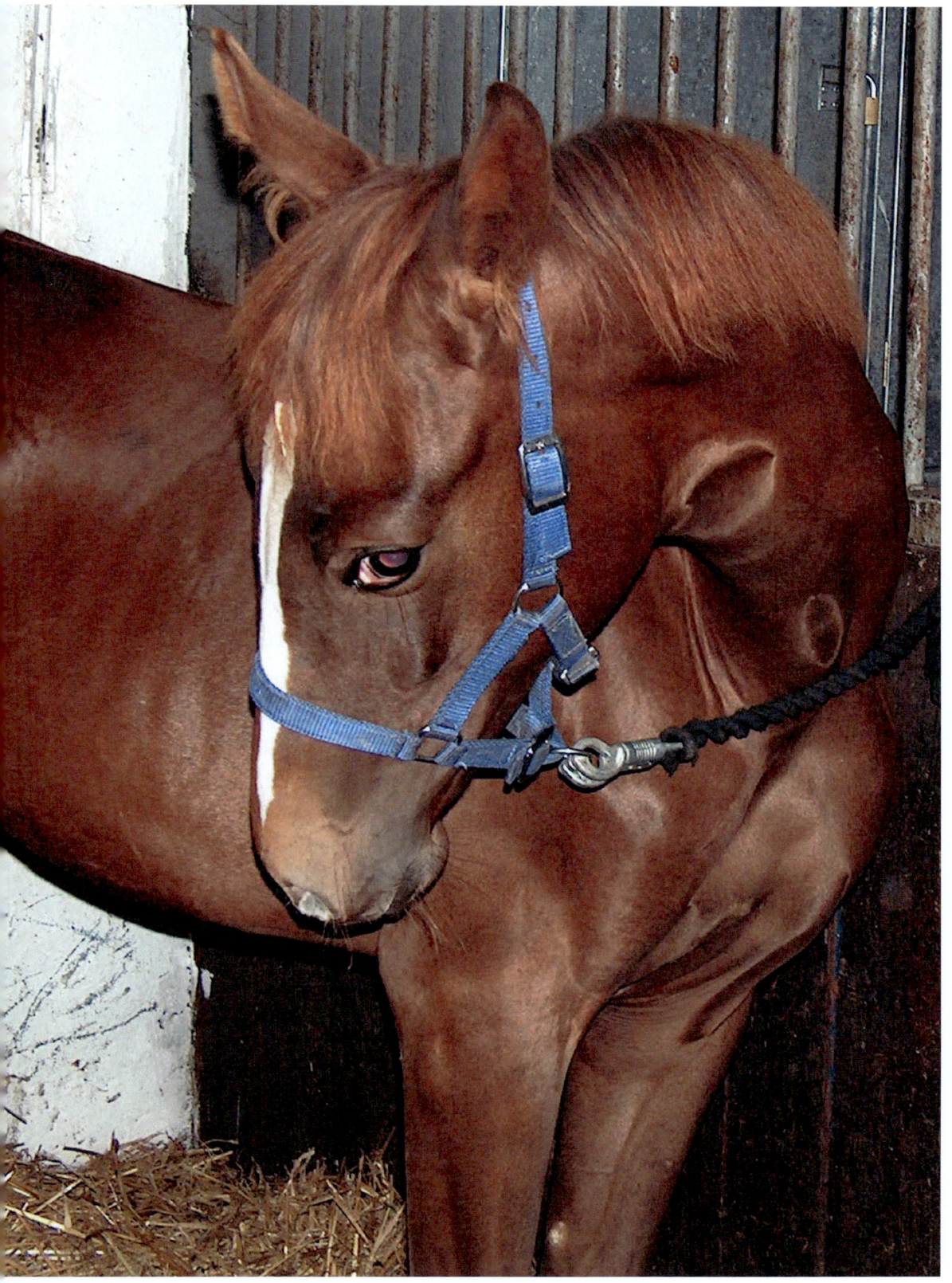

Mama ist doch die Beste

Auch wenn ich gern mal allein herumlaufe, bin ich ganz froh, dass ich Mama habe. Das habe ich während der vergangenen Tage gemerkt.
Ich habe mitbekommen, dass einige der anderen Fohlen jetzt von ihren Müttern getrennt wurden. Sie kamen zu zweit in eine Box ganz in unserer Nähe und haben ihre Mütter seitdem nicht wiedergesehen. Sie tun mir schrecklich leid! Besonders am Anfang haben sie ohne Unterbrechung gewiehert und sind in der Box hin und her gelaufen. Sie klangen ganz traurig und verzweifelt. Warum sie wohl nicht mehr zurück durften? Ich hoffe wirklich, dass Mama und ich für immer zusammen bleiben können!
Eigentlich war es mir nicht mehr so wichtig, dass sie die ganze Zeit bei mir ist. Wenn wir auf der Weide waren, bin ich oft nur bei ihr gewesen, wenn ich etwas trinken wollte. Jetzt befürchte ich jedoch, dass sie irgendwann nicht wieder kommen könnte. Deswegen passe ich immer ganz genau auf, wenn die Menschen Mama von mir wegholen. Dann rufe ich ganz laut nach ihr und bin erleichtert, wenn sie mir antwortet.
Mama ist eben doch die Beste!

Abschied nehmen

Es ist passiert. Sie haben mir Mama weggenommen! Eigentlich war es wie immer: Die Menschen führten sie aus unserer Box und sie verabschiedete sich mit einem kurzen Schnauben. Als ich sie aber durch die Stalltür verschwinden sah, überkam mich plötzlich ein komisches Gefühl: Ob sie wohl wieder zu mir zurückkommt?

Mama hatte mir schon erzählt, dass die Menschen uns irgendwann trennen würden, weil sie bald wieder ihre Ruhe braucht. Im nächsten Jahr bekomme ich nämlich ein kleines Geschwisterchen, um das sie sich dann kümmern muss.

Trotzdem habe ich die Hoffnung nicht aufgegeben, dass ich noch ein bisschen bei ihr bleiben darf. Tapfer habe ich auf sie gewartet. Bei jedem Hufgeklapper, das in der Nähe zu hören war, schreckte ich hoch und wieherte nach ihr. - Keine Antwort. Je mehr Zeit verstrich, desto weniger Hoffnung hatte ich, sie wiederzusehen. Sie blieb viel länger weg als sonst. Es war genau wie ich es befürchtet hatte.

Als die Menschen dann ein anderes Fohlen, eine kleine braune Stute, zu mir in die Box brachten, wusste ich bescheid: Mama würde nicht wiederkommen. Ich war schrecklich traurig. Ich glaube, meiner neuen Freundin ging es ähnlich: Wir standen beide mit hängenden Köpfen da. Ab und zu wieherten wir so laut wir konnten nach unseren Müttern, dass es auf der Stallgasse hallte.

Am schlimmsten war die erste Nacht. Davon abgesehen, dass ich unheimlichen Hunger hatte (schließlich fehlte der gewohnte Milch-Snack zwischendurch), war es ein bisschen unheimlich, plötzlich ganz ohne Mama im Stroh zu liegen.

Mit neuen Freunden die Freiheit genießen

Nun sind schon einige Tage ohne Mama vergangen. Langsam habe ich mich damit abgefunden, dass ich sie nicht wiedersehen werde. Wenigstens kümmerten sich die Menschen viel um mich, so dass ich die meiste Zeit abgelenkt war. Als ich das erste Mal wieder nach draußen durfte, war ich total aufgeregt. Und um ehrlich zu sein, war ich ganz froh, dass ein Mensch bei mir war. Der ist mit mir und der kleinen Stute den ganzen Weg bis zur Weide gelaufen, auf der Mama und ich früher immer standen.

Ein kleiner Hoffnungsschimmer kam auf - vielleicht war sie da? Doch so weit ich auch blickte, ich konnte sie nicht entdecken. Dafür warteten dort schon die anderen Fohlen auf uns. Kaum war ich auf der Wiese, habe ich mich erst mal richtig ausgetobt und bin mit ihnen von der einen Seite zur anderen gestürmt.

Zuerst brauchten meine neuen Freunde ein bisschen Zeit, um sich an mich zu gewöhnen. Ich glaube, sie wollten ausprobieren, ob sie stärker sind als ich. Von Mama hatte ich aber gelernt, wie man sich durchsetzt und mittlerweile akzeptieren sie

mich. Wir verstehen uns immer besser und tollen den ganzen Tag über die Weide. Seitdem bin ich auch nicht mehr so traurig, denn bei all dem Trubel muss ich gar nicht mehr so viel an Mama denken... Jetzt bin ich gespannt, wie es mit mir weitergeht. Ob ich wohl später, wenn ich groß bin, einmal so sein werde wie Mama? Vielleicht werde ich ein talentiertes Dressurpferd oder ein erfolgreiches Springpferd?
Zum Glück ist bis dahin noch ganz viel Zeit. Und die werde ich ausgiebig nutzen, um meine Freiheit zu genießen und mit den Anderen die Weiden unsicher zu machen.

Autorin Andrea Zachrau wurde 1980 in Achim/ Niedersachsen geboren. Seit 2002 ist sie als Redakteurin für eine Lokalzeitung in den Landkreisen Rotenburg/Wümme und Verden tätig. Kurz nachdem sie Chantis Fohlentagebuch fertiggestellt hatte, erwarb sie Chanti.

Seitdem ist die mittlerweile fast dreijährige Stute in ihrem Besitz und könnte noch so manch spannende Geschichte erzählen...